그리움 너머에

_____ 님께

_____ 드림

20   .   .

그리움 너머에

초판 1쇄 발행 2024년 11월 27일

지은이 김상수
펴낸이 장길수
펴낸곳 지식과감성#
출판등록 제2012-000081호

교정 정은솔
디자인 정윤솔
편집 정윤솔
검수 이주희, 이현
마케팅 김윤길, 정은혜

주소 서울시 금천구 벚꽃로298 대륭포스트타워6차 1212호
전화 070-4651-3730~4
팩스 070-4325-7006
이메일 ksbookup@naver.com
홈페이지 www.knsbookup.com

ISBN 979-11-392-2227-2(03810)
값 17,000원

- 이 책의 판권은 지은이에게 있습니다.
- 이 책 내용의 전부 또는 일부를 재사용하려면 반드시 지은이의 서면 동의를 받아야 합니다.
- 잘못된 책은 구입하신 곳에서 바꾸어 드립니다.

지식과감성#
홈페이지 바로가기

그리움 너머에

김상수 지음

잘 말하고
잘 사랑하는 것이
잘 사는 것이다

프롤로그

좋은 시 한 편 쓰고 싶은 욕심이 있었습니다.

그러나
내 능력과 자질이 미흡하여 언감생심 엄두도 낼 수 없는 처지가 몹시 안타깝습니다.

1집 《사랑꽃 한아름》 출간 이후 인연들의 관계와 또 생활하면서 느꼈던 감정과 마음들을 적어 두었던 시편 중에서 임의적으로 발췌하여 이번 시집을 엮는 만용을 감히 부려 봅니다.

한 편이라도 공감할 수 있는 분이 계시면 더없이 행복할 수 있을 것 같습니다.

그리고 시집에 실린 사진을 제공해 주신 방송통신심의위원회 특별위원장이신 최 병찬 님과 캘리그라피를 써 주신 김 미경 선생님, 그리고 교정과 편집을 담당하신 분께도 진심으로 감사의 말씀을 올립니다.

이 시집을 손에 든 여러분들의 일상에 항상 건강과 행복과 사랑이 충만하시기를 기원드리면서….

2024년 11월

김상수

목차

프롤로그 4

가족

감사한 일 12
그리움 14
호주 사는 딸에게 15
가족 단톡 16
쉿! 비밀이야 18
네가 만일… 19
보고 싶다 20
까꿍이에게 21
사랑한다 22
살 만한 인생 23
아기 천사 24
메리 크리스마스 25
가족 26

사랑

강물 같은 30
곰곰이 생각해 보니 31
행복 32
나의 시집 33
철길은 34
늘 그렇듯이 35
사랑이란 36
만약 그대가 37
변치 않는 마음 38
사랑아 39
사랑의 힘 40
지렁이 41
상현달 42

귀하고 소중한 말 43
사랑이 아니다 44
살아가야 할 이유 45
사랑한다는 말 46
달빛 노래 47
영혼의 숨길 48
처럼 49
빈틈없이 50
시월의 풍경 51
아름다운 세상 52
이야기가 있는 그림 53
부디 54

인생

4월 즈음에 58
웃는 아이 59
감사하다는 것 60
나이 드는 것이 62
말 그리고 사랑 64
사람에게 가는 길 65
살아 있는 것은 다 상처가 있다 66
아름다운 인생 68
양반 귀 70
여분의 인생 71
우리 인생 72
빈 의자 73
이 세상에 와서 74

이상한 셈법 75
이 세상에서 나는 76
인생길 78
푸른 나무 79
지금 나이에는 80
지름길은 모른다 82
한의원에서 83
혼자 벌 받기 84
갈대 85
하늘이 허락한다면 86
마지막 준비 88
세월이 90

살다 보니…

나는 소중하다 94
내가 뿌린 말 95
꽃처럼 살고 싶은 96
단문이다 97
뻐꾸기는 울고 봄비는 오고 98
세월 99
퇴화론 100
생일 소고 101
안 될 놈 102
미숙아 104
기적 같은 일 105
기분 좋은 하루 106
그 사람 참 좋다 108
행복은 109

오늘 풀어냅시다 110
어울려 살아갑시다 112
쑥부쟁이 113
우리 삶은 114
삶의 대처법 115
우정의 꽃 116
누명 118
예쁜 누이야 119
21그램 120
삼월 121
산다는 것은 122
느끼고 사랑하는 123
12월의 기도 124

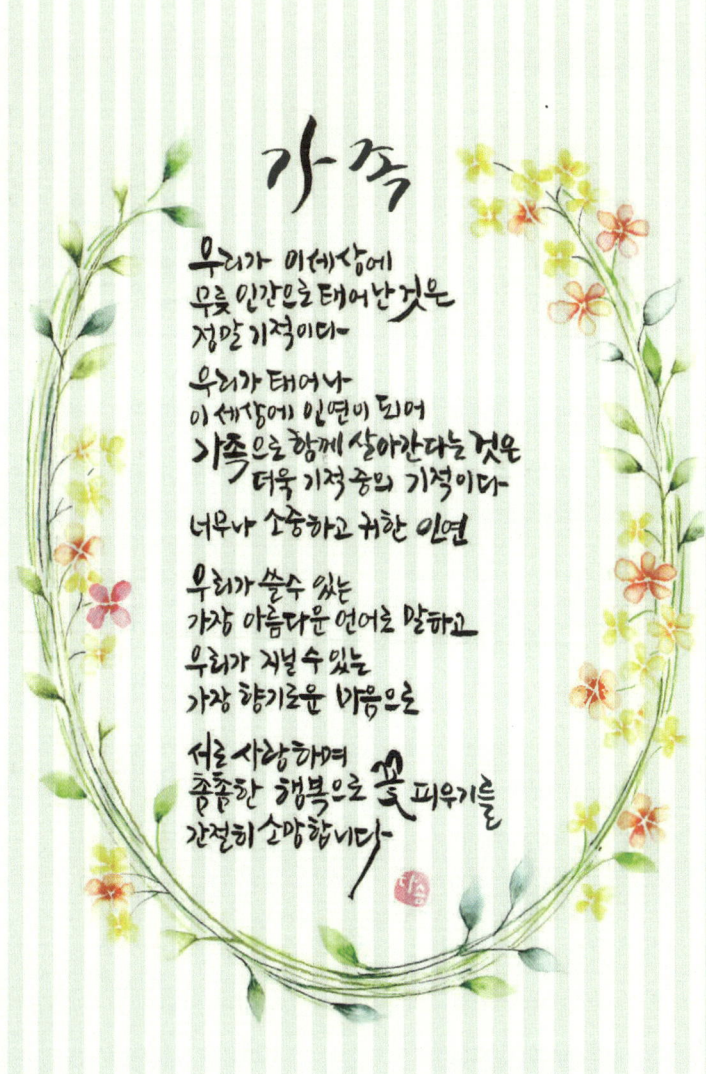

가족

우리가 쓸 수 있는
가장 아름다운 언어로 말하고
우리가 지닐 수 있는
가장 향기로운 마음으로

서로 사랑하며
촘촘한 행복으로 꽃피우기를
간절히 소망합니다

감사한 일

나에게
사랑하는 아내가 있다는 것이
얼마나 감사한 일이냐

나에게
사랑하는 딸과 사위와
사랑하는 아들과 새아기가 있다는 것이
또 얼마나 감사한 일이냐

그리고
가족들의 생일에, 결혼기념일에
잊지 않고 축하 메시지라도 전할 수 있는
정신이라도 아직 남아 있다는 것이
얼마나 감사한 일이냐

게다가
누구보다 예쁜 우리 손주들이 있어
정녕 얼마나 사랑스럽고 행복한 일이냐

나에게
감사하고 감사할 일만 있어

정말 고맙고 은혜로운 일이다

붉은 저녁노을이 아름답듯
모든 일에 감사할 줄 아는
아름다운 노년이고 싶다

그리움

가을 하늘이
구김 없는 비단 자락처럼
맑고 푸릅니다

소소히 부는 바람
단풍잎 흔들리는 소리에
감이 익어 갑니다

동네까지 내려온 산그늘도
인연이 되고
둥지의 새끼 품은 새소리도
이웃이 됩니다

이렇게
한적하고 평화로운 때
불현듯 생각에 잠깁니다

아!
어머니……

호주 사는 딸에게

팔에 안겨 재롱부리던 때가
엊그제 같은데
벌써 중년 부인이라니

세월이 쏜살같이 빠르구나

생일 축하한다
즐겁고 행복한 날 되거라
함께하지 못해 참으로 아쉽다
나에겐 너는 아직도 내 팔에 안긴
예쁜 꽃송이 같은 어린 딸이려니…

한 번 더 생일 축하한다

그리고 사랑한다

2023년 2월

가족 단톡

가족 단톡에
에미들이 손주 소식들을 올렸다

먼저 새아기가 15개월 되어 가는
작은 손주의 걷는 동영상과 함께
턱 괴고 앙증맞게 두 다리 흔들며 노는 모습
그리고 컵으로 물 받아 먹는 모습들을 올려
전화기 화면을 꽃으로 피웠다

그걸 본 딸아이(실은 사십이 다 됐지만)가
진짜 너무 이쁠 때라며,

자신도 첫딸 그만할 때 가끔 그때가 그리워
찍어 놓은 동영상을 보면 품속에 쏙 들어오는
혈연의 정 그 감동 때문에 눈물이 날 때도 있다며
눈물 흘리는 이모티콘을 두 개나 올려
전화기 화면을 바가지 눈물로 적셨다

그 손주가 내년에 교복 입고 큰 가방 메고
학교에 입학한다니 세월이 무심히도 빠르다

나도 너희들처럼 그런 때가 있었고
그 세월 까마득해서 가물거리기는 하지만
예쁘디예쁜 우리 손주들로 인해
내 젊은 날의 푸르던 빛이 이제

고운 단풍빛으로 곱게 물들어 간다

쉿! 비밀이야

감나무에는 감이 열리고
배나무에는 배가 열리듯
인목(人木)에는 사람이 열린다

풋내기 때는 낙과하지 않을까
어쩌다 벌레라도 먹지 않을까
내심 걱정도 많았지만

이제 보니
늠름하고 의젓하게 잘 익었구나
자랑스럽고 마음 참 든든하다

장한 내 아들
사랑한다

자식 자랑하면 반푼수라는데
쉿!
남에게는 절대 비밀이야

2024년 1월

네가 만일…

네가 만일 예쁜 꽃이라면
우리는 튼실한 꽃대이고 싶다

네가 만일 싱싱한 나무라면
우리는 기름진 흙이면 좋겠다

네가 만일 빛나는 별이라면
우리는 푸른 하늘이길 바란다

사랑스러운 우리 새아기

이 땅에서 진정 소중한 인연
처음처럼 언제나 향긋히 살자

생일 진심으로 축하하고
항상 건강하고 행복하길 빈다

2023년 11월

보고 싶다

길을 가다
네댓 살쯤 되어 보이는
꼬마 숙녀를 만나면
실례되는 일이긴 하지만
꼭 나이가 궁금해진다

보호자에게 나이를 물어보고는
손녀가 해외에 있어서라며
겸연쩍게 말끝을 흐리고
뜨거운 물을 삼키듯
마지막 말을 꿀꺽 집어삼킨다
보고 싶다는 그 말

보라와 나이가 비슷하면
아 저 정도 컸겠구나
저런 걸음걸이로 걷겠구나
혼자 가늠하면서 웃다가
꿀꺽 삼킨 그 말 다시 꺼내어
소리 없이 되뇌어 본다

보고 싶다
정말 보고 싶다라고

2022년 6월

까꿍이에게

2021년 7월 30일

하늘에서 반짝이던 별 하나
어디론가 총총히 사라지더니
지구별 고운 마을에 나타나
참한 꽃송이로 피어났다

축복하고 사랑할 일이다
또 하나의 귀한 인연
이 지구상에서 새로이 만나
화수분 같은 사랑으로
귀중히 품고 품을 일이다

이제
달디단 햇살 냄새 맡으며
바람 소리 새소리 즐기면서
행복하고 건강하게 잘 자라
아름다운 미소가 되어라
깨어 있는 사랑이 되어라

2021년 7월

사랑한다

초라했든 화려했든
내 일생을 살아오는 동안
너희들이 간혹 하는 말

아빠 사랑해요

그 말 한마디로

내 삶은 풍성하고 기름진
가을 들녘으로 변한다

우리들의 일상이 그렇게
한마디 말로 행복해지는 것을
뒤늦게 알게 되었구나

풍성한 가을을 수확하는
흐뭇한 농부의 마음

고맙고 감사하다

푸른 하늘에 그림 같은
구름 한 점
여유롭게 떠돈다

살 만한 인생

선물을 구매하기 위해
없는 시간을 쪼개어 백화점에 갔는지
우연히 백화점에 들렀다가
시아비에게 어울릴 것 같아
그 봄옷을 샀는지 알 수는 없지만
그것은 별로 중요하지 않다

소중한 마음과 애틋한 정성이
정말 고맙고 감사한 일이다

시장통에서
싱싱한 감귤 하나 보고도 생각이 나고
빛깔 좋은 갈치 한 마리 보고도 생각이 나는
그 마음이 꽃이고 감동이다

하늘은 청보리밭처럼 파랗고
불어오는 봄바람이 산뜻하고 풋풋하다

그래서 아직도 인생은 살 만하다

아기 천사

울어도 예쁘고
웃어도 예쁜
어린 천사 한 분 계신다

아직 말씀도 다 성숙하지 않아
시~어(싫어), 하~삐(할아버지) 해도
정말 기쁘고 완벽한 의사소통

알파벳을 말하면
A, B, C도 곧잘 찾아내고
벌써 발레를 배운다고
손발 놀림은 우아한 날갯짓이다

울어도 예쁘고
웃어도 예쁜
늘 생각나고 보고 싶은
아기 천사 한 분 계신다

2024년 7월

메리 크리스마스

결혼 후 45번째 맞는
크리스마스

성당에서 울리는 종소리
맑은 바람 소리 닮았습니다

선하고 착하게 사는 당신
향기로운 꽃향기입니다

당신과 함께하는 세상
참 아름답고 곱습니다

가족

우리가 이 세상에
무릇 인간으로 태어난 것은
정말 기적이다

우리가 태어나
이 세상에서 인연이 되어
가족으로 함께 살아간다는 것은
더욱 기적 중의 기적이다

너무나 소중하고 귀한 인연

우리가 쓸 수 있는
가장 아름다운 언어로 말하고
우리가 지닐 수 있는
가장 향기로운 마음으로

서로 사랑하며
촘촘한 행복으로 꽃피우기를
간절히 소망합니다

지렁이

눈이 없어
보지못하고

귀가 없어
듣지도 못한다

꼬물거려서라도
아무튼 전진이다

내 사랑도
그렇다

사랑

꼬물거려서라도
아무튼 전진이다

내 사랑도
그렇다

강물 같은

무엇이든 품어 가며
흐르는 강물처럼

흐를수록 더욱
넓어지는 강폭처럼

당신은
모자란 나를 품고도
넓고 깊은 마음으로
힘겨운 모진 세월을
유유히 지납니다

강물 같은 당신

그런 당신을
영원히 사랑합니다

곰곰이 생각해 보니

사랑은 용광로의 강렬한 불꽃인 줄 알았습니다
사랑은 화려하고 우아한 꽃잎인 줄 알았습니다
사랑은 여름철 소나기처럼
갑자기 찾아오는 줄 알았습니다

그러나
석양에 기댄 채 저녁노을 바라보며
곰곰이 생각해 보니

사랑은 추운 밤을 지키는 화롯불입니다
사랑은 보이지 않지만 향기 만발한 마음꽃입니다
사랑은 조용히 몸 낮추어 흐르는 깊은 강물입니다

행복

그대가 정답게
웃습니다

나도 흐뭇하게
웃어 줍니다

참
선한 인연이고
깊은 사랑입니다

나의 시집

그대는
나의 소중한 시집이다

아침 이슬의
애잔한 슬픔과 눈물을 읽을 수 있고
저녁 달빛의
그윽한 미소와 품성을 읽을 수 있고

또한
무엇보다 아름답고 찬란한
사랑과 그리움을 읽을 수 있기 때문이다

그대는
나의 아끼는 시집이다

읽고 읽어도 조금도 지겹지 않고
읽으면 읽을수록 새로워지는
장미꽃 향기 품고 있는
귀중한 시집이다

철길은

한 가닥
또 한 가닥
두 가닥이
함께 놓여야 길이 된다

당신과 나
철길 같은 운명이다

당신
그리고 나
같이 있어야 사랑이고
함께 있어야
길이 된다

늘 그렇듯이

당신과
함께 달달한 커피를
마시고 싶은
아침입니다

당신과
함께 상큼한 시간을
보내고 싶은
계절입니다

당신과
함께 행복한 강물로
흐르고 싶은
세월입니다

늘 그렇듯이
당신과 함께해서
참 좋습니다

사랑이란

사랑
이라는 것은

서로가 다름을 인정하고

그 다름까지도
다정하게 포옹하고
이불처럼 따뜻하게 덮어 주는 것이

사랑이다

만약 그대가

봄날에 예쁜 꽃송이 만발해도
이 세상이 얼마나 허전했을까

여름날 아름다운 무지개 떠도
이 세상이 얼마나 시시했을까

가을에 고운 단풍이 물들어도
이 세상이 얼마나 하찮았을까

겨울나무에 눈꽃이 피어나도
이 세상이 얼마나 허허했을까

흘러가는 세월 마디마디마다
이 세상이 얼마나 허무했을까

만약 내가 사는 이 세상에
그대가 존재하지 않았다면……

변치 않는 마음

집으로 향하는 발길이
가벼운 사람은
행복한 사람이다
파랑새는 담장 너머에 있지 않다

당신을 만나는 순간이
행복이고 파랑새의 푸른 날갯짓이다
세월이 흐르고 또 흘러가도
영원히 변치 않는 마음

당신과 더불어 사는 세상
참 행복합니다

사랑아

사랑아
언제나 함께 가자
꽃길도 함께 걷고
자갈길도 함께 걷자

바람에 흔들리는 마른 가지에도
사랑이 있고
주인 따라 걷는 강아지의 눈빛에도
사랑은 있다

기억 잃은 노인의 웃음 속에도
사랑이 있고
소주잔 건네는 친구 얼굴에도
사랑은 있다

사랑아

마주 보면 꽃향기 피어나고
부르면 언제든 바로 대답하는
죽어도 살아도
그렇게 함께 가자

사랑의 힘

사랑의 힘은
그 무엇이든 극복할 수 있다
그게
고난이든 역경이든
그 어떤 난관도 극복할 수 있는 힘

그게 사랑의 힘이다

사랑의 힘은
그 어떤 때라도 견딜 수 있다
그게
힘든 때이든 어려운 때이든
그 어떤 고비도 견딜 수 있는 힘

그게 사랑의 힘이다

지렁이

눈이 없어
보지 못하고

귀가 없어
듣지도 못한다

꼬물거려서라도
아무튼 전진이다

내 사랑도
그렇다

상현달

어느 날 문득 창문 열고
밤하늘을 바라보니

정든 임과 사랑을 나누어
배불러 오는 상현달이

하늘 동네 오빠 별들에게
부끄러워 부끄러워서

오색 솜털 구름 천으로
부른 배 몰래 가리고

서해 먼 바다 친정으로
종종걸음으로 서둘러 가네

귀하고 소중한 말

많다고 귀하지 않은 것이 아닙니다
흔하다고 소중하지 않은 것이 아닙니다

물과 공기가 많고 흔해도
보석보다 귀하고 소중합니다

고맙습니다
감사합니다
그리고 사랑합니다

자주 흔하게 쓸 수 있어도
그만큼 귀하고 소중한 말도 없습니다
귀하고 소중하게 전합니다

그대에게 고맙고 감사합니다

그리고 진심으로 그대를 사랑합니다

사랑이 아니다

눈물을 닦아 줄 줄 모르면
그것은 사랑이 아니다

아픔을 감싸 줄 줄 모르면
그것은 사랑이 아니다

상처를 핥아 줄 줄 모르면
그것은 사랑이 아니다

무엇보다도
사랑하는 사람에게서
외로움을 없애 줄 줄 모르면

더더욱 사랑이 아니다

살아가야 할 이유

아지랑이 아물아물 피어나고
노오란 꽃향기 코끝을 스칠 때
혹 생각나는 사람이 있는가

푸른 나무 그림자 아래에서
이마에 흐르는 땀을 닦아 낼 때
혹 생각나는 사람이 있는가

계곡물이 고운 단풍잎을 업고
넓은 바다로 흐르는 것을 볼 때
혹 생각나는 사람이 있는가

깊은 밤 어둠조차 적막하고
날개 없는 눈이 사뿐히 내릴 때
혹 생각나는 사람이 있는가

생각나는 사람이 있다는 것은
나에게 그리움이 있다는 것이고
그리움이 있다는 것은

내가 살아가야 할 진짜 이유가
있다는 것이 아닐까

사랑한다는 말

나는 그대를 사랑합니다
그래서
늘 사랑한다는 말을 자주 합니다

그대가 나를 사랑하는 줄 알고 있습니다
그러나
나는 늘 사랑한다는 말을 듣고 싶습니다

뻔하게 다 아는 이야기
왜 해야 하고 들어야 되냐 싶지만
더우면 덥다 추우면 춥다
뻔하게 다 아는 이야기 그냥 하는 것과 같습니다

밥을 먹고도 때가 조금 지나면 배가 고프듯
사랑한다는 말도 소화가 참 잘되는
모양입니다
들어도 들어도 배가 고픕니다

오늘도 그 말을 하기 위해
입속 가득히 사랑한다는 말을 넣어 두고
그 말을 듣기 위해 귀를 활짝 열어 둡니다
목말라 우물 찾는 나그네처럼

달빛 노래

지그시 눈 감고 있는 얼굴
누가 훔쳐보는 것 같아
살며시 눈을 떠 보니
온다던 임은 아직 안 오고
방 안에 달빛만 가득하네

계란 노른자 같은 보름달이
저 높은 하늘에서
떠다니는 고운 구름 사이로
미끄러지듯 노를 젓는다

노란 병아리의
솜털 같은 달빛이 그윽하게
창문으로 창문으로 넘나들며
날 부르는 임의 목소리
내 귀를 쫑긋 세우게 하네

영혼의 숨길

사랑이 없는 새는
날개가 있어도 날지를 못합니다

사랑이 없는 꽃은
보기는 좋아도 향기가 없습니다

사랑이 없는 나무는
빛이 있어도 그림자가 없습니다

사랑이 없는 사람은
살아 있어도 산 것이 아닙니다

사랑이야말로
우리가 살아 있는 행복이요
오로지 살아갈 수 있는 희망입니다

사랑
그것은 영혼의 숨길입니다

처럼

낮아야 넓다
바다처럼

높아야 푸르다
하늘처럼

마음은 넓게
바다처럼

사랑은 푸르게
하늘처럼

빈틈없이

사람들은
혼자서는
두렵고 외로워
누군가에게
닿고 싶어 한다

꿈에
그리움에
사랑에

나도 그렇다
그대와의 사이에
빈틈 하나 없이
그대에게
닿고 싶다

시월의 풍경

뒤뜰에 무서리 내리니
노란 코스모스 눈물 맺히고
하얀 초승달 서둘러지니
귀뚜라미 숨어서 운다

그리움 속 깊이 출렁이면
오히려 가슴은 더 답답하고
떨어져 쌓이는 낙엽 위엔
임의 발자국만 어린다

시월의 마지막 밤은 슬며시
한 해 문의 빗장을 거는 날
내 임 길 잃지 않도록
등불 하나 내달아 건다

아름다운 세상

누구든지
살아가는 한 생이
시시하거나 후회스럽지 않으려면

무엇보다
한 사람을 사랑하면서
진실로
고맙고 감사한 마음을 갖는 일

그러면
이 세상은
늘 즐겁고 행복한 여정이 되고

아름다운 세상이 된다

이야기가 있는 그림

회색 벨벳에
사파이어를 뿌려 놓은 듯
별빛은 보석처럼 빛나고

앞뜰 건너편에
강물은 고요히 흐르는데
사위어 가는 모닥불에
익어 가는 고구마 냄새

서로 팔베개 베고 누워
깊어 가는 밤 잠 깰까 봐
도란도란 숨죽인 목소리로
함께 살아온 추억 나눌 때

하현달도 가는 길을
잠시 멈추고
소나무 가지에 느긋하게
걸터앉는다

부디

몸 하나 망가지면
이 아름다운 세상도
다 부질없는 일

세상만사 희로애락
다 잊어버리고
남은 세월 사는 동안
헐어 무너지는
몸 하나 잘 건사하기를
바라고 또 바라오니

마음 여린 누이야
부디 건강하세요
절대로 아프지 말고…

웃는 아이

아이야

아름다운
꽃만 보고
흐르는 세월은
보지 말아라

너도
내 나이 되어
아름다운 꽃 보고
웃는 아이 있으면

그런 생각
들겠지

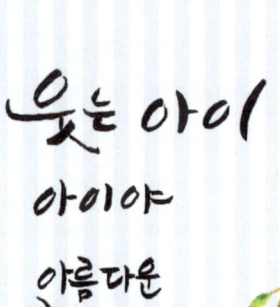

인생

아이야

아름다운
봄만 보고
흐르는 세월은
보지 말거라

4월 즈음에

봄꽃이 진다

세월 가니 너무나 당연한
자연의 법칙인져

지는 것이
어디 봄꽃뿐이랴

세월 흘러가니
나도 진다

웃는 아이

아이야

아름다운
봄만 보고
흐르는 세월은
보지 말거라

너도
내 나이 되어
아름다운 꽃 보고
웃는 아이 있으면

그런 생각
들겠지

감사하다는 것

감사하다는 것은
나의 마음 자세를 낮춘다는 것이고
겸손하게 바라보는 것이며
무슨 일에 대해
흡족하고 고맙다는 것이다

두 팔 흔들며 두 다리로 걸을 수 있다는 것도
감사한 일이고
아침 햇살을 눈부시게 바라볼 수 있는 것도
감사한 일이다

더군다나
누군가의 친절한 말 한 마디
사려 깊은 행동 하나
그것 또한 얼마나 감사한 일이냐

감사하다는 말 속에는
희망과 은혜와 기적이 숨어 있다
감사한 마음을 갖는 것은
태산준령을 넘는 푸른 구름이고
끝없는 바다를 건너는 품 넓은 바람이다

감사하다는 말 속에는
행복과 사랑이 깃들어 있다
매사에 감사하면서
행복하게 사랑하면서 살자

나이 드는 것이

나이 드는 것이
그렇게 나쁜 일은 아닙니다

조금씩 무뎌지고
조금씩 너그러워지며
조금씩 더 참을 수 있습니다

사람이 각자 다르다는 것도
세상 사는 일에 정답이 없다는 것도
어느 정도 알게 됩니다

나이 드는 것이
그렇게 나쁜 일은 아닙니다

솔로몬의 말처럼
이 또한 지나가리란 말도
나이 들면서 경험으로 알게 되고

좋은 일이든 나쁜 일이든
살다 보면 그럴 수도 있지 하고
좀 느긋하게 생각도 하게 됩니다

욕심과 원망도 좀 줄어들고
지는 일에도 크게 상처받지 않고
편안할 수 있으니 좋기도 합니다

나이 드는 것은 늙는 것이 아니라
조금씩 조금씩
철이 드는 일인 것 같습니다

말 그리고 사랑

말은 인격이다
사랑은 품격이다

말 잘하는 사람보다
잘 말하는 사람이 되고

사랑 잘하는 사람보다
잘 사랑하는 사람이 되자

말 그리고 사랑은
사람의 인격과 품격이다
겉과 속이다

잘 말하고
잘 사랑하는 것이
잘 사는 것이다

사람에게 가는 길

징검다리를 딛고
개울물을 건너듯이

나룻배가 있어야
강을 건널 수 있듯이

마음을 주어야
사람에게 갈 수 있다

사람에게
가장 소중한 선물은
마
음
이기 때문이다

살아 있는 것은 다 상처가 있다

내 삶의 껍데기들이
온갖 상처로 흠집이 나서
벌겋게 달아오르고 있는 아픔을
누가 알겠는가

그러나
포탄 떨어지는 전쟁터에서도
민들레는 피고
격랑의 인생살이에서도
사랑은 핀다

그래, 살아 걸어온 길 걸레로 닦아 내고
파인 발자국마다 고인 슬픔 메워 가면서도
살아 있음이 고맙고, 슬프고 괴로운 일이
있어도 그저 감사한 하루하루들

강물 거슬러 오르는
한 마리 은어처럼
아무리 거친 물살이라도 헤치고
내 삶의 한가운데로
당당히 돌아가리라

내 몸의 핏줄들이
곳곳에 긁힌 상처 있어도
힘센 용수철처럼 용기 있게 튕겨 나와

웃음소리로 웃음소리로
상처받은 날개 쉬임 없이 퍼득이면서
푸른 하늘로 푸른 하늘로
힘차게 날아오르리라

아름다운 인생

맑은 하늘을 문득 바라보니
새벽별이 유난히 반짝거려
유년 시절의 꿈인 듯합니다

훤한 하늘을 찬찬히 바라보니
보름달이 환하게 밝아
청년 시절의 희망인 듯합니다

빛나는 하늘을 갑자기 보니
태양빛이 얼마나 눈부신지
장년 시절의 패기인 듯합니다

비 온 뒤 하늘을 뒤돌아보니
무지개가 너무 아름다워
중년 시절의 그리움인 듯합니다

아른거리는 하늘을 무심코 보니
노을빛이 아름답게 물들어
노년 시절 세월 흘러갈수록
더 깊어지는 사랑인 듯합니다

그렇게 살아가는 우리
종내 하늘만 바라보는 일만으로
설레는 세월과 함께하는
아름다운 인생입니다

양반 귀

이순이 지나면
자존심보다는 자존감이
커지는 게 당연한 일인데
그렇지 못하고 자존심이 상하면
지금도 독화살 맞은 것처럼
말 독이 온몸에 퍼져
하루 이틀 앓아야
독기가 겨우 빠져나간다

나는 강철 귀를 가졌는지
이순이 훨씬 지나서도
조금도 연해지지 않고
젊어 호기롭던 시절과 다름없이
뻣뻣하고 날카롭다
지금이라도 부디 원하는 것은
능소화같이 부드럽게 열린
양반 귀 됐으면 좋겠다

여분의 인생

한식에 죽으나
청명에 죽으나 같다는 말처럼

이 나이에 지금 죽지 않고
오 년이나 십 년 더 산다 한들
무슨 큰 의미가 있을까

인생살이
자에도 모자랄 적이 있고
치에도 넉넉할 적이 있다는 말처럼

이제부터라도
조급하지 말고 성내지 말고
다투지 말고 미워하지 말며

여분으로 남은 인생
치에도 넉넉할 수 있도록
자유롭고 너그럽게 살자

우리 인생

우리 인생 사는 일이
참 어렵다

답을 몰라서
전전긍긍할 때도 있지만
답을 알아서
더욱 답답할 때도 있다

답을 알아도
답을 몰라도

우리 인생 사는 일은
역시 힘겹다

그렇게 어렵고 힘겹더라도
우리 인생
늘 행복했으면 좋겠다

빈 의자

내가 자주 다니는 산길
낡은 나무 의자에
말없이 앉아 본다

지나가던 바람도
살며시 앉았다 지나가고
낙엽도 옆에 슬그머니 앉았다
자리를 비운다

내가 떠나고 난 뒤에도
누군가는 그 의자에 앉을 것이고

햇빛도 앉았다 지나가고
달빛도 앉았다
자리를 비울 것이다

세월이 흘러가면
사랑도 인연도 어김없이
그렇게 지나갈 것이다

순간순간 모든 것들이
그렇게 지나갈 뿐이다

이 세상에 와서

아름다운 꽃도
많이 보았습니다

마음 울리는 노래도
넉넉히 들었습니다

그리고
가슴 설레게 하는 시도
제법 읽었습니다

그런데
정이 가는 좋은 사람을
만난 만큼

더 행복한 일은
없었습니다

이상한 셈법

하나를 받으면
열을 줄 때도 있고

하나를 주면
열을 받을 때도 있더라

그게
사람 사는 세상의
묘한 맛이더라

이 세상에서 나는

정년이 넘어서도 일을 하면서
나이 들어도 소일거리는 있어야 한다며
뿌듯하게 열심히 일하는 척하며 산다

피붙이들과 함께 온갖 정 나누고 싶지만
그네들 잘 살면 그게 나의 행복이라며
아주 태연하고 쿨한 척하면서 산다

나이 들어 속상하고 아쉬워하면서도
늙어 가는 것이 아니라 숙성되는 것이라며
빠른 세월 흘러도 무심한 척하며 산다

그렇게 어쩔 수 없으니 마음 편히
담담히 사는 것처럼 포장은 하지만

내 마음은 하고 싶은 일 하며 살고 싶고
누구에게 무시당하지 않으며 살고 싶고
파전에 막걸리 한잔하며
친구에게라도 인생무상을 털어놓고도 싶다

이래저래
허허롭게 빈 마음으로 소탈하게 웃으며

세상에 내 마음대로 할 수 있는 게 어디 있냐며
의기소침하면서도
내가 마음먹으면 할 수 없는 게 무엇 있냐며
큰소리 땅땅 치며
호기롭게 사는 것이 우리 인생인 것 같다

그럼에도 불구하고
한 끼 끼니를 잘 챙기라 부탁하고
흔하디흔한 감기 걸릴까 걱정하고
소소하게 안 해도 되는 하루를 염려해 주는
그대가 내 곁에 있는 것만으로
행복하고 윤기 나게 사는 인생이 아닐까

이 세상에서 나는

인생길

우리 사는 인생길에
어려움이 서넛 있다

먹고살기 위해서
돈을 벌어야 하는 일

나비 같은 꿈 하나 접고
통째 무너지는 일

더구나
어떤 사람을 미워하거나
사랑하는 일

그래 고맙다
그것조차 없다면 어디
인생이라 할 수 있겠는가

푸른 나무

나무는 오직
하늘을 향해서만 바로 자란다
사방팔방 눈 돌리지 않고
오직 곧게 하늘만 보고 자란다

나이 들어 간다고
청춘이 늙는 것은 아니다
나무처럼 하늘만 보고 살 수 있고
그리움과 설렘이 있다면

푸른 나무처럼
우리도 푸르고 푸른
언제나 청춘이다

머리 위에는
푸른 별들이 걸려 있고
양어깨 바람길 열려 있으니
나도 산속 깊이 뿌리 내린
한 그루 푸른 나무
그 청춘이고 싶어라

지금 나이에는

살아가기 위해 해야 하는 일이 아니라

살아 있기 위해 하고 싶은 일을 해야 하는
나이이다

꽃같이 향기롭던 시절에 나에게 와 지금은
마른 낙엽처럼 메마른 손을 가진 마누라와
오순도순 잔불에 손을 쬐며 사는 일이다

메가박스나 CGV에서 심야 영화를 보면서
버터에 식용유를 알맞게 넣어 튀긴 팝콘을
반달 같았던 입에다 넣어 주기도 하고

속초 중앙시장에서 살아 있는 세발낙지에
소주잔을 서로 건네면서 함께 살지 않는
딸 사위 아들 며느리 손주 이야기도
시간 가는 줄 모르게 나누어 보기도 하고

부산 해운대에서도 제주도 서귀포에서도
푸른 하늘과 철썩이는 파도를 안주 삼아
젊어 아름답던 추억을 마셔 보는 일이다

그러다 시간 나면 한 닷새 정도씩이라도
딸네 집, 아들네 집에 가서 손주들과
손잡고 동네 여기저기 골목골목 돌면서
문방구도 다니고 아이스크림도 사 먹고
여태껏 한 번도 경험해 보지 못했던 일
꿈에 빠져 진주 같은 사랑을 건지는 일이다

살아가기 위해 해야 하는 일이 아니라
살아 있기 위해 하고 싶은 일을 해야 하는
나이이다

그렇게 살아 있어야 하는 일이다

지름길은 모른다

내가 가고 있는 길이
제일 빠르고
가장 좋은 지름길인 줄 알았다

내가 가고 있는 길을 첩경이라 여겼고
어렵고 힘이 들어도 그때는
그 길을 지름길이라 생각했다

그러나
내가 가야 할 길에 거의 도착할 즈음
돌아보니 안개 자욱한
험한 자갈길만 걸었다는 것을 알게 되었다

내 유년과 청년과 장년 시절에
꽃도 피우지 못한 꿈과 열망들이
나를 향해 빈손만 쓸쓸히 흔들고 있다

지름길은
힘겹게 지나온 뒤에야 비로소
깨닫게 되는 것인가

한의원에서

바지춤을 내려
엉덩이 벌렁 까고
한의원 침대에 엎드려 누워
세월 지나간 자리에
침을 맞는다

아직도
유년의 기억이 또렷하고
누가 뭐래도 마음은 청춘인데
안타깝게 이미 몸은
주름진 늙은 세월의 냄새를
맡았나 보다

어느 누가 세월을 이길 수 있으랴
자연스럽게 받아들이고
세월이 훑고 지나간 상처에
마음마저 상하지 않게
향기로운 꽃잎 하나 따다
살며시 붙이려니

혼자 벌 받기

뒤편 제일 높은 장독에
정화수 떠 놓고
두 손 모아 정성스레 빌던
엄마 목소리
그때는 그 중얼거림이
무슨 말씀인지 전혀 몰랐지만
세월이 수십 년 지난 지금에서야
천상 나비 날개 바람에
그 음성 들려온다

건강하고 착하게 살아라
건강하고 착하게 살아라

망나니처럼 놀아나면서
개똥처럼 굴러온 길

엄마 소원 따르지 못한 죄
회초리 만들어 종아리 걷고
머리 숙여 바람 앞에 선다

갈대

아프고 아파서
그렇게 울고 있었구나
아프지 않으려고

힘들고 힘들어
긴 한숨 쉬고 있었구나
힘들지 않으려고

그래
큰 바람이든 작은 바람이든
꺾이지 않으려고 그렇게
흔들리고 있었구나

어떻게든 살아 내려고
온몸 서걱이며
통곡하고 있었구나

하늘이 허락한다면

나는 그대보다
오래 살고 싶다

딱 삼 일만 더

그대 양지바른 어느 언덕에 묻고
죽음의 슬픔 내가 다 안고 가게
딱 삼 일만 더 살고 싶다

한날한시에 손잡고
산책 나왔다 집에 돌아가듯
그렇게 함께 가고 싶지만
천복을 받지 않는 한
그게 불가능하다 해도 어떻게든

딱 삼 일만 더 살고 싶다

이 세상 구석구석 늘려 있는
그대의 한숨과 눈물
내가 모두 거두어 위로하고
따뜻이 안아 주고 갈 수 있게

하늘이 허락한다면
그대보다
딱 삼 일만 더 살고 싶다

마지막 준비

내가 살아 있을 날이 얼마나 될까
남은 시간 쓸모없이 소비하고 나면
깨어진 그릇처럼 요양원에 버려지거나
꺼져 가는 촛불처럼 산화되어
냄새나는 검은 연기로 사라지겠지

가만히 생각해 보면
큰 바위를 짊어진 듯한 무거운 삶도
꺼억꺼억 울던 바다같이 깊은 슬픔도
목마르게 갈망하던 그 그리움도
삶의 끝 앞에서는 다 부질없는 것들

아쉬움이 하나 있다면
은혜만 받고 빚만 진 삶 다 갚지 못하고
떠나는 발걸음이 차마 무거운 것

그럼에도 불구하고
아직은 내게 살아 있는 목숨이 있으니
하찮은 일이라도 할 수 있는 일은
해 놔야겠지

상조회사에 내 수의 한 벌 마련해 두었고
병원에 사전연명의료의향서도 제출했고
마지막으로 내가 하고 싶은 일
올가을에는 임플란트 한 이빨 드러내며
허옇게 웃는 영정 사진 한 장 찍어 두고 싶다

그게 인연들과 작별하기 위해서 해야 할
전혀 쓸모없는 마지막 준비이겠지만

세월이

세월이
약이 되는 때가 있다

그러나
안타깝게도
세월이
병이 되는 때도 있다

세월이
스스로 병이 되는 때는
어떤 약도
필요 없는 때다

몸이
그렇다

쑥부쟁이

쑥부쟁이꽃이
얼마나 정다우냐

흔해서 좋고
만만해서 좋다

사람도
모나지 않고
까탈스럽지 않아야
정답고 좋다

살다 보니…

사람도
모나지 않고
까탈스럽지 않아야
정답고 좋다

나는 소중하다

누가 나를 불러 주지 않아도
다만 나는 나다

누가 나를 반겨 주지 않아도
오로지 나는 나다

누가 나를 사랑해 주지 않아도
당연히 나는 나다

누가 나를
부르고 반기고 사랑하지 않아도
나는 온전한 나로서
언제나 즐겁고 행복해야 한다

내 삶은 누가 아닌
내가
살아 내어야 하는 것이니까

내가 뿌린 말

꿈에 가위 눌린 듯이
남의 가슴을 짓누르는 말

속사포처럼 빠르게
남의 심장을 꿰뚫는 말

유리 파편처럼 뾰족하게
남의 감정을 찌르는 말

내가 한 그 말들은 지금
녹슨 못처럼 누구 몸에
깊이 박혀 곪고 있을까

그 못 조심스레 빼내어
내 몸에 되박고 되박아
그 고통 나도 당해 보면
내 말로 곪은 그 상처
조금이라도 치유가 될까

이제부터라도
새싹같이 연하고 푸른 말
하늘 같은 파란 말만 쓰면
내 허물 조금 털어 내고
그 상처 아물 수 있을까

꽃처럼 살고 싶은

넓은 들판의 여러 꽃들은
필 때를 서로 다투지 않는다

필 때가 되면 가만히 피고
질 때가 되면 소리 없이 진다

어느 꽃이든 모두 자신의
존재 가치를 믿고, 의미가 있음을
스스로 알고 있기 때문이리라

남과 비교하지도, 다투지도 않고
저만의 존재 가치와 생의 의미로
향기 품은 예쁜 꽃으로 살아간다

필 때가 되면 가만히 피고
질 때가 되면 소리 없이 지면서

단문이다

관계가
지루해지거나
멀어질 때에는
모든 대화나 문장이
단문으로 끝난다

감정이 무뎌지고
별로 할 말이 없어져
말과 글은
점차 짧아지는 것이다

느낌도 없고
할 이야기도 없는
모든 사랑은
무미건조한
단문이다

뻐꾸기는 울고 봄비는 오고

무슨 말 못 할 사연 있는지
각혈을 쏟아 내듯
울어 대는 뻐꾸기 울음소리에
놀란 아카시아꽃 잎이
우박처럼 무더기로 떨어진다

흩어지던 아카시아꽃 향기
바람 따라 도란도란 모여들어
사연 모르는 울음소리 위로한다
사는 일이 다 그렇다고
울어서 속이라도 후련하다면
그나마 다행이라고

꺼어꾹 꺼어꾹
산을 뒤흔드는 뻐꾸기 울음소리
내 귀를 마구 헤집어 놓고
무심하게 내리는 봄비는
뻐꾸기 울음소리를 적시면서

봄날은 또 그렇게 간다

세월

마누라나
자식들은
그래도 남편, 아비라
늙어 가는 걸 안쓰러워할까 봐
꼿꼿하고 실한 척은 하지만
짐짓 하루하루
몸은 얇아지고 힘은 빠진다

그런데 더 애처로운 건

아무리 숨기고 감추려 해도
숨기고 감춰지지 않는
아주 지독히 못난 놈
평생 나를 따라다니던
마르고 늙어 버린
굽은 그림자
하나

퇴화론

차츰차츰
보지 않게 되면

영원히
만나지 못하는 것처럼

우리 인간의
모든 기능들도

차츰차츰
사용하지 않으면

영원히
쓰지 못하게 된다

생일 소고

며칠 있으면 내 생일이다

축하를 받아야 하는 날이 아니고
엄마의 고통도 함께해야 하는 날이다
산통에 배를 움켜쥐고 신음 소리 가득한
시골 아래채 문간방을 뱅글뱅글 돌았을
우리 엄마

그 시절 정기검진은 말할 것도 없고
조산원도 없는 시골집에서
엄마가 겪었을 고통을 생각하면
내가 축하를 받을 일이 아니고
꼭 엄마께 감사하고 고마워해야 할 날이다

나 낳으실 때 엄마 나이
1928년 무진생 스물넷
그 엄마 지금은 어디에 계실까
못난 아들 애타게 바라보는 별이 되셨을까
내 손이라도 잡고 싶어 바람이 되셨을까

생일날은
축하를 받아야 하는 날이 아니고
낳아 주신 엄마를 추억해야 하는 날이다

안 될 놈

작은 산양삼 서너 뿌리 담금주에 잠겨서
구 년여 세월을 보냈으면
골수가 다 빠지고 뼈조차 녹아내렸을 터인데
뭘 더 우려먹겠다고 또다시 담금주를 부어 넣어
몇 년을 더 기다리겠다는
인간의 몹쓸 집착이여 그 아둔함이여

일 년여 기다려도 각질 하나 없는
재탕한 맑디맑은 담금주에게 쑥스럽고
실핏줄 하나 없는 산양삼에게 미안하고 미안해서
담금주 깡소주로 부어 마시며 덜된 나를 꾸짖는다

한세상 살다 보니
소금에 절여져 축 늘어진 배추처럼
나도 세상살이 소금기에 절여져 힘 잃고
산양삼처럼 골수 다 빠지고 뼈조차 녹았을 나이인데
작은 것 하나 흔쾌히 버리지 못하고
무슨 집착 속에서 살고 있나

한심한 생각으로 재탕한 담금주 뚜껑을 따던 날
나는 술에 빠져 허우적거리다 끝내
골수도 잔뼈도 하나 없는 산양삼이 되어 버렸다

허 참! 고놈 깡소주 버리지 못하고 또 마신 죄
작은 것 하나 선뜻 버리지 못하고 집착에 눈먼 놈
정말 아무것도 안 될 놈이다

미숙아

어린아이는
홀로 서기 위하여
하루에도 수십 번을 넘어진다

나도
이 나이에 내 처신과
내 삶의 방식을 바로잡기 위해
어린아이처럼 하루에도
수십 번은 넘어졌다 일어선다

그래도
전혀 바로 서지 못하고 비틀거리는
나의 허약함과 아둔함이여

어린아이라도
수십 번을 넘어지면
홀로서기를 성취하는데

나는
수십 번은 넘어졌다 일어서도
바로 서지 못한다

영원한 미숙아

기적 같은 일

아무리 아름다운 꽃도
계절 가면 떨어지고
아무리 좋은 장난감도
세월 가면 망가지듯

일개 범부인 나는
두말할 여지도 없이

계절 바뀌니
정신 떨어져 나뒹굴고
세월 흘러가니
다리 망가져 절룩이네

그래도 아직은
풀꽃들 아름답게 보고
바람 냄새 맡을 수 있고
새소리 들을 수 있어

이 기적 같은 일 정말
고맙고 감사한 일이다

기분 좋은 하루

무심히
봉제산 둘레길을 걸어가는데
앞서가던 사람이
발목을 접질리며 넘어졌다
그냥 지나기 겸연쩍어
괜찮으시냐고 수인사를 건넸다

그 사람 혼잣말처럼 하는 말
"그놈 왕개미 때문에…"

발 내디딜 자리에 지나가는
왕개미 한 마리 밟지 않으려다
왼쪽 발을 접질린 모양이다

하늘에서 보면
사람 목숨이나 개미 목숨이나
구별 없이 등가일진대
한 목숨 살린 상처
그 접질러진 발목에
개미 정령들의 빛나는 푸른빛이
휘감아 돌고 있었다

무사히 개미가 지나간 둘레길은
바람의 미소도 고왔고
하늘의 눈빛도 맑았다

그 사람 참 좋다

그 딸기 참 맛있게 생겼다
그 사과 참 잘 익었다는 말처럼
그 사람 참 좋다는 말 들으며
살고 싶습니다

그러나
나는 정녕 그렇지 못합니다

참 맛있게도
참 잘 익지도 못해
떫고 설익은 못난 놈일 뿐입니다

누구에게라도
그 사람 참 좋다는 말
단 한 번이라도 들어 보면
다 살아도 좋겠습니다

행복은

작은 것에서 기쁨을 느끼고
하찮은 일에도 보람을 느끼며
매사에 감사할 줄 아는 사람은
언제나 행복하다

우리가 사는 세상과 우리의 삶에
순수한 사랑과 흐뭇한 마음이
늘 샘물처럼 솟아나기 때문이다

행복은 그리 멀리 있지 않다
안분지족이라는 말처럼
스스로 만족하면 그게 행복이다

나도 맑게 솟는 샘물 되어
스스로 행복해지고 싶다

오늘 풀어냅시다

매일 온다고
절대 푸대접하지 마세요
어제는 물처럼 흘러가 버려
아무 소용이 없고
내일도 오늘이 지나면
또 오늘입니다
내일은 영원히 오지 않습니다

날마다 그날이 그날 아닙니다
하루하루가 새롭게
창조되는 새로운 날입니다
오늘 하루가 결코 가볍지 않고
우리 인생의 전부입니다

만나야 할 일
그리고 사랑해야 할 일
오지 않을 내일로 미루어서
놓치지 말고

미안하고 부끄러워서
또는 자존심 때문에 못 한 말

마지막 아껴 두었던 말까지
상처받을 걱정하지 말고

살아 빛나는 오늘
주저 없이 다 풀어냅시다

어울려 살아갑시다

돌밭에서도
함께 크는 대나무들처럼
진토 같은 이 세상에서도
우리 마음 터놓고
함께 어울려 살아갑시다

담 높이고 벽 쌓으면서
각자 홀로 가는 길
외롭고 쓸쓸할 것인즉
우리 마음 터놓고
함께 어울려 살아갑시다

우리 인생 한적하게
쉬엄쉬엄 멀리 가기 위해
서로 웃으면서 마주 손잡고
이곳저곳 여행 다니듯
함께 어울려 살아갑시다

쑥부쟁이

쑥부쟁이 꽃이
얼마나 정다우냐

흔해서 좋고
만만해서 좋다

사람도
모나지 않고
까탈스럽지 않아야
정답고 좋다

우리 삶은

삶은 때때로 꽃보다 아름다울 수 있고
삶은 때때로 시보다 감동스러울 때도 있습니다

우리 삶에서 욕심을 내려놓을 수 있다면
그 삶은
꽃보다 더 아름답고
시보다 감동스러울 수 있습니다

어느 봄꽃이 아무리 아름답고 향기롭다 해도
어느 시가 아무리 감동스럽고 따뜻하다 해도

욕심 없는 고운 손
서로 맞잡을 수 있다면

그 삶은
때때로 봄꽃보다 더 아름답고 향기로울 수 있고
시보다 더 감동스럽고 따뜻할 때도 있습니다

삶의 대처법

취하고 싶으면 취해라
그 뒤에는 깨어난다

울고 싶으면 울어라
그래서 슬픔을 잊을 수 있다면

아파 오면 아파라
그러고 나면 낫는다

죽고 싶으면 시늉이라도 해라
그래야 다시 살 수 있다

우정의 꽃

이런 날도 있어야지 그래야
소태같이 쓴 인생길 사는 맛도 생기는 거지
굴곡진 인생길을 걸어오다 보니 어쩌다
서로 연락처를 잃어버려 긴 세월
이십오 년여를 소식도 모른 채 살아왔다

고등학교 때부터 대학까지
단짝이었던 LA에 사는 친구에게서
열흘 뒤쯤 서울에 온다며
알 만한 친구들에게 수소문해도 찾지 못했던 친구
어찌어찌 겨우 전화번호를 알았다며 연락이 와
오랫동안 꿈같은 화상 통화를 했다
체구가 나보다 훨씬 크고 다정다감하여
언제나 내 편이 되어 준 형 같은 친구

2주 후 교대역 2번 출구에서 만나기로 했다

헤어지면 이제 다시 만날 기약이 어려운 나이
부디 기억에 남을 좋은 추억들 많이 쌓기 바란다
마지막 남은 치약을 짜내듯 조금 남은 시간
한 번이라도 더 보면서

묵정밭을 갈아 소담한 우정의 꽃을 피우자

아 비로소 지금 보니
우리가 살아온 인생의 투박한 그림자가
우리들의 젊고 푸른 날들의 꿈들을
길게 베고 누워 있다

누명

사랑이
흔들리는 것이 아니라
마음이
흔들리는 것이다

사랑이
흔들리는 것이 아니라
사람이
흔들리는 것이다

그런데도 흔히
사랑이 흔들린다고
사랑에게
누명을 씌운다

예쁜 누이야

예쁜 누이야

거친 세상 원망하지 말고
무심한 하늘과 땅도 원망하지 말자

자랑할 만한 재능 하나 없어도
가지고 태어난 팔자나 운명이 까칠해도
<u>스스로</u>를 무시하지도 말자

촛불처럼 흔들리며 언제 꺼질지 모르는
우리들의 인생

지금부터라도
남을 사랑하고 나를 사랑하며
하루하루 즐겁고 행복하게 사는 일

그것만이 우리가
꽃이 되고 무지개가 되는 일
흔적 없이 사라져도 영원히 사는 일

예쁜 누이야
우리 그렇게 쉽게 살자

21그램

누가 달아 보았는지
21그램
그 가볍고 가벼운 무게가
우리 영혼의 무게

그 작은 질량이
사람을 사람답게 살게도 만들고
사람을 동물처럼 살게도 만드는
우리 영혼의 실체

내 몸에도 21그램 영혼의 무게가
몸무게에 보태져 있을 터
내 나뭇가지에 걸터앉은
바람 되는 날이 오면

그 21그램은
나무의 영혼과 합쳐져
나무의 무게는 그만큼
더 무거워지겠지

삼월

봄비가 온다니까
언 땅이 옷을 벗는다

봄비가 온다니까
나무는
온몸을 미리 비틀고

내 몸에서도
푸른 새싹
움트는 소리 들린다

산다는 것은

산다는 것은
바람에 흔들리는 갈대처럼
흔들리며 사는 것이지

바람 부는 방향에 따라
흔들려도 말없이
흘러가며 사는 것이지

어떤 인연은 꽃이 되기도 하고
어떤 인연은 상처가 되기도 하듯

산다는 것은 그렇게
인연 지워진 대로 사는 것이지

바람 따라 흘러가면서
어쩔 수 없이 우리 모두는
스스로 혼자임을
깨달아 가며 사는 것이지

그리운 이름 하나 부르면서
깊고 넓은 세월의 강을
힘겹게 건너가며
그렇게 사는 것이지

느끼고 사랑하는

우리 사는 인생이
짧다고 생각하지 말자
우리 살아 있는 인생이
허무하다고 이야기하지 말자
인생이 짧고 허무한 것은
하루에 하루만큼만
그저 살아가기 때문이다

하루를 천년같이
느끼고 사랑하면서 살자
느끼는 만큼 사는 것이고
사랑하는 만큼 살아 있는 것이다
제대로 살기 위해
느껴야 하고
참되게 살기 위해
사랑해야 한다

하루하루 살아가는 것은
그저 살아 있는 것이 아니라
가슴 뛰고 설레면서
느끼는 양만큼이 사는 날이고
사랑하는 양만큼이
우리가 살아 있는 날이다

12월의 기도

또 한 해가 손 흔들며
스쳐 지나갑니다
잘못한 일도 후회한 일도 많았지만
그래도 우리에겐 언제나 밑줄 긋고 싶은
귀한 한 해입니다

새해에는
올해와 같은 잘못이나 후회가
적도록 하여 주시고
매일 마지막 날처럼 살게 하여 주시고
무슨 일이든 이해하고 용서할 수 있게
도와주시옵소서

누구를 만나더라도
기쁜 날 행복한 날 되게 하시고
언제나 처음처럼 사랑하게 하시옵소서
항상 깨어 살면서 욕심 버리고
절대 남과 비교하지 않고
스스로 만족할 줄 아는 지혜를 얻어
기름지고 풍부한 삶 되게
허락하여 주시옵소서

그리하여
기꺼이 가는 한 해 손 흔들며
오는 새해 희망으로 맞이하기를
소망합니다